磁石の法則

男と女に贈る
「運命のパートナーを見つけて幸せになる」方法

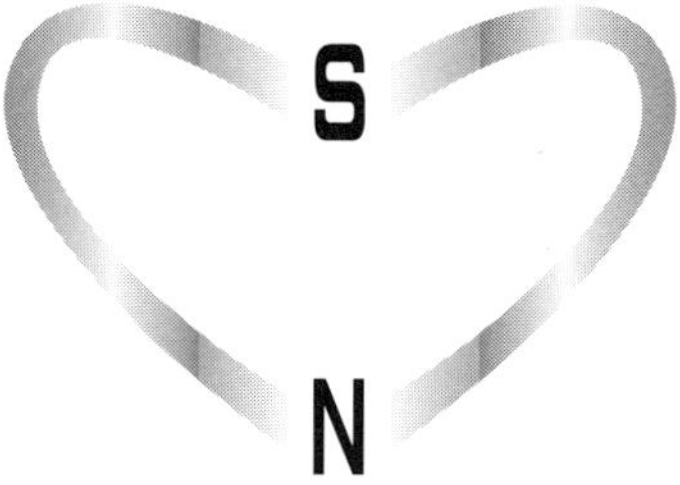

佐藤康行
Yasuyuki Sato

目次

結婚式　魂のスピーチ

新郎の真一さん、また、新婦のあずささんのご両親はじめご親族の皆様、今日は本当におめでとうございます。

私は、二人にはじめて会ったときに、正直言ってわかりました。「あっ、この二人縁があるな」と。たぶん二人が気づくよりも私の方が早かったような気がします。そして、二人が結婚すると挨拶に来たときに、「やっぱりそうか」という感じでした。

もともと一ツだったのものが、陰と陽に分かれて、別々のご両親の間で生まれ、必要な分だけ愛に囲まれ、必要な分だけ苦労もされ、そして一番良いタイミングで、出会うべくしてであった。

そして一ツになった。

一ツになったときにピカッと光った。

私は、そんなイメージを持っています。

二人で一ツになったのですから、絶対に半分にすべきではありませんね。まぁ、そういう意味で「あきらめて」下さい。

二人の真面目さ、人間的な優しさ、そして心の温かさを、私は十分理解しています。あとは、自分自身の心の奥にある本当の思いをお互いに出し合っていけば、黙っていても、仲良く幸せになることは間違いありません。

ぜひ、これから二人でさらに光輝いて、永遠に幸せになってください。幸せに限界はありませんから、無限に幸せになっていただきたいと思います。

幸せになればなるほど、ご両親はじめ皆さんが幸せになっていきます。こんなに幸せになってはいけないという限界など一切持つ必要はありませんので、思いっきり幸せになって、これからもその幸せな姿をぜひ皆さんの前で披露していただきたいと思います。

本日は、本当に、心よりおめでとうございます。

磁石の法則（別名「類友の法則」）

これから、二人の男女が小さな、しかし深い深い縁によって出会い、結ばれていく物語をお伝えします。このお話は実話ですが、登場人物の氏名を変え、ストーリーを設定しています。

男、葉山真一の話

五十も半ばになると、人は過去の栄光や後悔をよく思い返すのかもしれない。生活・恋・仕事・子育てなど、過去の出来事を考えるのだろう。そんな年になって今をときめく一人の男性がいた。

この男性は、五十五歳で結婚をした。人と人との出会いは不思議なものである。ささいなことで人はどん底まで落ちぶれてしまうこともあれば、小さな出会いがその人を立ち直らせるのも事実だ。

真一は腕の立つコンピュータ技術者として活躍していたが、歳をとるごとに重くなる責任の重圧に耐えられず、仕事でも行き詰まるようになっていた。

真一にとってストレス解消の手段といえば、若い頃から大好きなアルコールぐらいしか思いつかず、次第にその量も増えていった。帰宅後のささやかな楽しみであったはずの飲酒が、いつしか常に手放せない薬のようになり、まさに「酒びたり」というにふさわしい生活を送っていた。

そんな真一の姿を見て、妻がとった選択は「離婚」であった。

家具からカーテンに至るまで妻が持ち去り、何もなくなった殺風景な部屋で一人、真一は昼夜問わず自分の心を慰めてくれるウィスキーの瓶に手を伸ばした。疲れた心を慰めてくれる「魔法の水」はいつしか、真一の心と身体を蝕む「悪魔の水」に姿を変えていた。

「アルコール性肝硬変（※多量のアルコール摂取により肝臓機能の障害を起こすアルコール性肝障害のひとつで、障害の進行により、肝臓が元に戻らなくなる状態）です。入院してください」

体調の悪さに耐えられず足を運んだ病院で、医者は表情ひとつ変えず、事務的に診断結果を伝えた。

退院後も真一はアルコールの魔力に勝てず、入退院を繰り返すことになる。ついには「余命一年半」と医師から宣告され、職も失い、この年の年収はわずか五十万円だった。


「もう終わりだな……」

そう思いながら、死ぬ気にもなれず両親に生活費を頼ることにした。

そんな生活を続けていたある日、真一はいつものように自宅のパソコンの前に座り、インターネットの検索サイトを開いた。

「成・功」

真一はほとんど無意識に入力したキーワードを見てハッとした。

「こんな俺にも、まだ『成功』への願望があったのか……笑えるな」

自嘲しつつも、真一は検索結果を眺めていく。ふいに指がマウスのボタンをクリックした。どのような言葉に反応したのかすら、定かではない。表示されたサイトは、どこかのカウンセリングルームのホームページのようだった。

「『どなたでも、私のところにいらしてください』か……ずいぶんな自信だな」

カウンセリングを受ける。それは自尊心の高い真一には考えられないことだった。軟弱な男か、話を聞いてほしい女が行くところのような気がして、とても五十歳を過ぎた自分が行くような場所には思えなかったのだ。

「まったく、病院でも治せないものが、カウンセリングなんかでよくなるはずがないだろ……」

真一は、パソコンの電源を切って、畳の上に寝転んで目をつぶった。

確信に満ちたあの言葉がまぶたの裏に焼きついて離れない。真一は、気分転換に散歩にでも行こうと思ったが、次の瞬間には、すでにパソコンの電源を入れ、あのホームページを食い入るように見つめていた。

『どなたでも、私のところにいらしてください』

結局、真一はこの言葉を忘れることができず、カウンセリングを受けることにした。

＊　＊　＊

「こんにちは。葉山さんですね」

「……はい」

うつむいていた真一が、ほんの少し顔を上げまゆをひそめて言った。

カウンセラーの後藤氏は、淡々とした口調で続ける。

「私と会うのは今日が初めてですか？」

「えぇ」

「緊張してますか？」

「わかりませんが、多少」

「そんなに固くならなくても大丈夫ですよ。まずはリラックスすることから始めましょうか」

後藤氏は笑顔で真一を迎えた。それからどれくらいの時間が経ったのだろうか。五分、いや、十分以上沈黙が続いた後に、真一はようやく口を開き出した。

「実は、仕事に全然行ってなくて、体も悪くなってきていまして……」

「どんな具合ですか？」

「階段を降りていると、突然階段がのし上がってくるんです。道を歩いていても世界がゆがむような気がしまして」

真一は恥を捨てきれなかった。今までの人生における屈辱を他人にさらけ出すのは誰だって抵抗がある。今まで強く生きてきた自分が、こんな状況になってしまったことに挫折を感じざるを得なかった。

「仕事で何か嫌なことはありますか？」

「仕事は……今はしていません。アルコールを飲みすぎて肝臓を悪くし、入退院を繰り返してからは、うまくいかなくなりました」

「そうですか。それは辛かったですね。もし、よかったら今まで最も辛かった出来事をお話しいただけますか？」

後藤氏がそう言うと、真一は少し震えたような声で話し始めた。

「はい、お話しします」

真一は、自分の過去と向き合ってみようと思い、記憶をたどりはじめた。

＊　＊　＊

回想その一　『初めての結婚生活と仕事』

真一は、親の敷いたレールの上で、就職をして結婚をした。エリートコースを進み、いわゆる「良い子」の典型だった。

就職してからは昼夜問わず懸命に働いた。会社は好景気だったし、技術者として一目置かれ、給料もあっという間に二倍近くに膨れ上がった。

真一はがむしゃらに働いた。まさに人生絶頂の時だった。しかし同時に、ライバルも次から次へと出てきて、ポストの奪い合いになった。

いつまでもとんとん拍子にはいかなかった。仕事で結果を出せば出すほど会社からの期待も大きくなり、また上にいけばそれだけ大きな成果を求められる。そんな中で真一は厚い壁にぶつかってしまう。

三十二歳のとき初めて体調不良になった。アルコールの飲みすぎが原因だった。それからは、仕事も次第にうまくいかなくなり、会社でも、

「なんで契約が取れないんだ?」

と上司から責めたてられるようになった。

焦りは次第に自己嫌悪へと変わっていき、「できない。俺はダメだ」と自分を追い詰めた。

「俺は認められていない」

真一の脳裏には常にこの思いが巣食っていた。直属の上司からも、自分を認めてくれるような言葉を聞くことはなかった。

家庭にはお金に不自由させず苦しい思いをさせないことで、「俺は家庭を守っている」と考えていた。妻のことは愛していると思っていたし、子供も二人いた。しかし、ふと気づくと家庭内の会話は事務的な事ばかりで、子供も他人を見る目つきで真一を見るようになっていた。

妻の出産には、仕事を優先して立ち会わなかった。そんなこともあり、子供を見ていても「本当に自分の子なのだろうか」という思いにとらわれることがあった。

技術者として、夫として、父親として、傍から見れば自分は十分に満たされているように見えたかもしれない。しかし、真一は会社にいても、家庭にいても、一人の人間として自分が認められ、満たされているという実感がなかった。心安らげる場所がなかった。

「とにかく認めてほしい」

認められているという安心感、安らぎ、それが真一が求めていたものだった。

＊　＊　＊

カウンセリング　『バツイチ』

「ご結婚はされていますか？」

「実は……バツイチです。ついこの間、妻子は荷物をまとめて出て行きました」

「お子さんもいらっしゃるんですね」

「えぇ……二人います」

　真一は、罪悪感いっぱいの様子を浮かべて話した。

「そうですか。体はどこが悪いんですか？」

「医師から、アルコール性肝硬変が進行していて『あと一年半の命だと思って下さい』と宣告されました」

回想その一　続き

家庭は、氷のように冷たく、そしてじわじわと溶け出していた。妻は口をきかなくなり、子どもたちも真一がものを言うとそっぽを向いた。

真一はその冷え切った水を、冷え切ったコップですくい飲んだ。飲んでも飲んでも、後から後から氷は冷たい水となって真一に押し寄せる。そして、氷自体も小さくなり、崩壊し、ついに全て溶けてなくなった。

肝臓は悪化し、経済的にも精神的にも苦しくなった。

気づいたときには何もなくなった家の中で、真一は、水を、いやアルコールを飲み続けていた。アルコールと過労は、真一の身体を蝕み、もうどうしようもなかった。

＊　＊　＊

カウンセリング　『父』

「その頃からですね、症状が出始めたのは」

「ええ」

　真一は少し涙を浮かべながら答えた。


　今までどんなことがあろうと自分の弱いところを隠してきた人間が、今こうして話をしている。解放感と羞恥心《しゅうちしん》が交錯し、心が大きく揺さぶられていた。


「私のことはどうやって知ったのですか？」

「入院する少し前に、インターネットで先生のことを知りました。もうこのまま死んでいくしかないかなと思っていたのに、なぜかいてもたってもいられなくなって来ました」

「葉山さん、いろいろお話していただきありがとうございます。仕事や家庭、健康など、いろいろな問題をお持ちだということがよくわかりました」

「ええ、恥ずかしながら、もうひどい状況です」

「葉山さん、**あなたの現状は、ひとつの結果です。そして、原因のない結果はありません。**このことはわかりますか？」

「はい。でも、原因はいったい何でしょうか」

「あなたの心です」

「えっ、私の心？」

「そうです。**あなたが見ている現実は、あなたの心が生み出したものです。**まあ、詳しい話は追々していくとして、今日は一つの実習をやってみましょう」

「実習……ですか？　はあ」

「様々な執着が偽物の自分を作っています。偽物の自分を捨てて、今日から本当の自分に目覚めましょう」

「はい……（偽物を捨てて本当の自分……？）

真一は、急に真顔になった後藤氏の勢いに圧倒されるようにうなずいた。

「ではお聞きします。**あなたがもし、明日死ぬとしたら最後に誰と話をしたいですか？**　目を閉じて、ご自分に聞いてみてください」

「えっ、『明日死ぬとしたら誰と話したいか』ですか？」

予想外の言葉に、真一は虚をつかれたように返答した。

「そうです。あなたは明日死ぬのです」

「は、はい……。ちょ、ちょっと待ってください……」

真一は目を閉じて、自分が明日死ぬと想像してみた。まるで実感がわかないが、自分が病院のベッドに横たわっている姿を想像してみる。病院の天井が見える。その視線を枕元へと移してみる。

そこにいたのは、思いもよらない人物だった。

「親父！」

真一は驚きとともに心の中で叫んだ。

自分が天寿をまっとうして死ぬとしたら、親が枕元にいるというのは、親不孝以外の何者でもない。そう感じつつも、真一には父親が枕元に座り、こちらを優しく見つめている姿が浮かんできた。

「ああ、親父……」

真一には幼い頃、父と遊んでいる思い出が蘇ってきた。

「さて、誰の顔が浮かびましたか？」

真一は我にかえって目の前の後藤氏を見た。

「はい、父の顔が浮かびました」

「そうですか、お父さんですか。では、一つ一つ、お父さんとの出来事を思い出してみてください」

真一は小さな頃から厳格な家庭の中で、サンプルのような生活を送ってきたことを思い出す。

小学生の頃の一番の記憶といえば、習っていたピアノの練習のことだ。

「ピアノの練習をして間違えると『なんでこんなところ間違えるんだ！』と怒鳴って、父は私のことをすぐに殴りました」

「ほう、そうですか。その時、真一さんはどんな反応をしましたか？」

「たまらず『もういいよ！』と鍵盤をバーンと叩いて、父から逃げました」

「それから、算数の問題が解けない時、『何度言ったら分かるんだ！』とすぐに怒って殴られました」

「いいですよ、そんな感じです。まだまだ、思い出してください。そして、出来事に対する自分の感情も書き出していってください。どんどん自分の中にある、**恨み、憎みの心を出していってください。**遠慮はいりません」

＊　＊　＊

回想その二　『父との確執』

習いはじめた頃は楽しかったピアノの練習も、そして勉強も、段々おもしろくなくなっていった。

真一の父親はいつも息子に何かをしてあげると、

「やってやっただろ！」

「どうだ？　このおもちゃ面白いか？」

と、まるで感謝することを強要するような言い方をした。

（もう放っておいてよ！）

真一は言葉に出せない思いを、心の中で繰り返し叫んでいた。

そんな思いが常にあるためか、幼い真一はその後、父の動作の一つ一つが嫌になった。

特に、食事の時にまるで猫か犬のようにペチャペチャと大きな音を出して食べる姿には、毎食毎食、虫酸が走り、耐え難かった。「拷問だ」とすら思っていた。たまらず、「もう食べない！」と言って逃げ出したこともあった。

それだけではない。いつしか真一は父親のやること為すことすべてが許せなくなっていた。そばに来られると鳥肌が立つくらい大嫌いで、存在すら許せなかった。

しかし、父親に反発したのかといえば、逆だった。

ぐれる気力もなく、親の前では知らず知らず良い子を装うようになっていたのだ。

ただただ台本の最終ページを目的に、用意されたレールの上を走り続けた。周りの期待に応えるために敷かれたレールの上を、たいしたエネルギーも使わずに進んで来た気がする。

＊　＊　＊

カウンセリング　『父の声』

「葉山さん、葉山さん！」

「あ、はい！」

真一はふいに我にかえった。全身が過去の記憶の中を漂っていた気がする。永遠と思えるほど長い時間が経ったように感じたが、時計を見ると、わずか数分のことだった。

「ずいぶん深く記憶の中に入りこまれていたようですね。どうですか？」

真一は、ピアノの練習のことや、食事のこと、反発しつつも結局は親が引いたレールの上を走ってきたことについての思いなど、父親との確執を話した。

「ほう、葉山さんは、えらいですね。一生懸命頑張ってきたのもお父さんの期待に応えようとしたんですね」

「いや、親父のことは嫌いだったんです。ただ、もしかすると期待に応えたいという思いもあったかもしれません」

「なぜ期待に応えようとしたのですか？」

「親に認めてほしかったんでしょうかね……」

改めて考えてみると、真一は恐ろしくなった。なぜ、あんな父親に認めて欲しかったのか、正直、理由が分からなかった。


後藤氏は優しい眼差しで真一の目を見据えて、ゆっくりとつぶやいた。

「それは、お父さんのことを愛しているからじゃないですか？」

真一は後藤氏の思わぬ言葉に、自分の耳を疑った。

「えっ？」

とっさに首を横に振ろうとしたが、次の瞬間、真一の身体の奥深くで、何かが動いた気がした。


後藤氏は続けて言う。

「そんな真一さんの話を聞いて、枕元でお父さんは何ておっしゃると思いますか?」

(あの父がいったい何と言うというのか。今の状態を見て、俺をバカにするだろうか……)


そう思ったが、今、改めて父の顔を思い浮かべてみると、小さい頃、おもちゃを買ってくれたり、ピアノを習わせてくれたことがありがたいことだと思えてくる。今になっても、こんな自分の生活を援助してくれているのは、父ではないか。

そう思いながら、心の中の父が何と言っているか、そのセリフを書き出してみた。


「真一、すまなかった。そんなに辛かったとは知らなかった。真一、ごめんな。未熟な親父で。真一がこんなに辛かったとは。悲しませることはしたくなかったんだよ。それでもいつも真一のことを思っていたよ。いつも考えていたよ」

(これがあの父の言葉……?)

真一は自分で書いた文字を見て驚きつつも、こみ上げてくる思いを抑えきれなくなった。

＊　＊　＊

カウンセリング『手紙』

「真一さん、お父さんは、今だって真一さんのことを見放してはいませんね」

後藤氏の言葉に、真一の頬を涙がつたった。思いもかけないことまで思い出し、今までの父親への恨みや憎しみの心が、一瞬にして感謝の気持ちに変わっていくのを感じた。

「父は、不器用なだけだった……」

涙があふれてくる。

「そうです。今の真一さんの気持ちをそのまま紙に書いて下さい。感じたままに書くのです」

真一は、浮かび上がってきた気持ちを『お父さん、お母さんへ贈る言葉』という手紙にした。

「お父さん、お母さんへ贈ることば」

お父さん　お母さん　ごめんなさい
わたしは今の今まで勘違いしていました
本当にごめんなさい

わたしが仕事を失ったときに、金銭的に援助をしてくれたのもお父さん、お母さんでした。
わたしが悪さをしたときに真剣に叱ってくれたのも、お父さん以外誰もいませんでした。

おもちゃを買ってくれたり、学校へ通わせてくれたのも、お父さん、お母さんでした。

いつも夕食やお弁当を作ってくれたのはお母さんでした。

わたしは心と行動が矛盾していました。表面的には感謝して、心の中では恨み、憎んでいました。

ところが、今、今の今、やっとわたしは本当のことがわかりました。

すべてが親の愛だったということに気がつきました。その愛の深さに比べたら、わたしの表面的な行動など取るに足らないことだったと気づきました。

お父さん　お母さん

本当にありがとうございます

心の底から、「本当に申し訳ないことをした」という思いと、「本当にありがとうございます」という感謝の思いとが、無限にあふれ出し、涙が止まりません。

お父さん　お母さん
わたしを生み育てていただき、心の底から感謝します。
無限に感謝します。
本当にありがとうございます。

今、一瞬にして、本当のことに気づき、生まれ変わりました。わたしはすべての愛によって生かされていました。
この感謝の心で少しでも人様のお役に立ち続けることに、残りの人生を捧げます。

ありがとうございます
ありがとうございます

＊　＊　＊

カウンセリング

「真一さん、すばらしいですね。今のお気持ちはどうですか?」

「信じられません。『ありがとう』という気持ちが心の底からあふれ出して、大変感動しました。私は、深い愛に包まれていたんですね」

泣きじゃくった真一の目は赤く腫れている。

「今日ご実家に帰って、ご両親の前でこの手紙を読むといいですよ」

「はい」

＊　＊　＊

次の日、真一は両親の前でこの手紙を読んだ。

「気恥ずかしい」とか「どんな顔して会おう」とか、そんなことを考える暇もないくらいの勢いで実家のドアを開けた。

「ただいま！」

そこには年をとり小さくなった父親と母親が立っていた。

真一は湧きあがってきた感謝の心のままに、昨日書いた『お父さん、お母さんへ贈る言葉』の手紙をその場で思いきり読んだ。

真一は、目の前の父と母の姿が信じられなかった。

母親はぼろぼろ泣き出し、ティッシュで鼻をかみながら「ありがとう」と言い、それにつられて父親も途中からぼろぼろ泣き出し「ありがとう、ありがとう」と二人で連呼している。

「もう、それだけで十分だよ」

父が涙をぬぐいながら言った。

三人の間に余計な言葉はいらなかった。

すっかり過去の親子の確執が取れた。真一の心の曇りはスーッと晴れ、生活の状況は何も変わらないのに、不思議と楽な気持ちなった。

＊＊＊

感動した真一氏は、後藤氏にお礼を言いに行った。後藤氏は、相変わらずにこやかな笑顔で真一を迎えた。

「ああ、葉山さん、いい顔をしていますね」

「こんにちは。この度は、ありがとうございました。おかげさまで長い間あった親子の誤解が解けました。すべて自分の妄想で、いつも私は両親の深い愛に包まれていたことに気づかせていただきました。あんなに家族の事で泣いたのは初めてでした」

「それはよかったですね。両親と自分との関係は我々人間が作ったものではなく、生まれたときからすでに決まっている人間関係なのです。つまり、**両親との関係は、社会の人間関係の土台となり、その後の人生に大きな影響を与えることになる**のです。

たとえると、大地が神さまで、木の根っこが両親だとすると、根っこを無視して花や実をつけることはできませんよね。それと同じで、土台である両親との関係が悪ければ、結果としていろんな場面で幸せがめぐってこないのです。でも、真一さんはもう大丈夫でしょう。これから、ご両親への感謝の気持ちを忘れずに過ごせば、きっと幸運がめぐってきますよ」

感謝の気持ちで毎日を過ごす。真一は、そのような「模範的」な道徳は大嫌いだった。しかし、後藤氏とのやりとりの中で突然湧き上がってきたあの感謝の思いはまったく別物のように思えた。その思いのままつづった手紙を読み返すたび、真一の胸にはこみ上げるものがあり、五十数年の人生の中で初めて味わう感覚だった。

＊　＊　＊

それからというもの、たしかに人生の先が見えず、アルコールに逃げたくなる衝動に駆られることもあったが、その度に自分で書いたあの手紙を読み返し、両親の顔を思い浮かべて心を落ち着けていた。

次第にアルコールの量も減り、以前に比べたら外にも出るようになった。

たしかに、心や身体の状態はよくなってきた。しかし、仕事ができる状態でもなく、生活費は両親からの仕送りに頼る始末で、他人から見たら「どん底」に変わりはなかった。

(後藤氏は、「感謝の気持ちで過ごせば幸運が訪れる」と言ってたな。たしかにアルコールの量は減ったたし、これが幸運というものなのだろうか……)

依然として仕事も見つからず、収入もない状況だった。

しかし、この頃から真一の心境に変化が出始めてきた。仕事もなく、収入もない身でありながら、何かボランティアでもしようと思い始めたのだ。

生活費を親に頼りながら、ボランティアをする。他人から見ればお笑い種かもしれないが、真一としては、「仕事が見つからないなら、せめてボランティアでもして人の役に立とう」という思いが先行していた。

ボランティアといっても、どこで募集しているかもわからない。

「とにかく、どこかの掃除でもしよう」と思い立って真一が向かったのは、後藤氏のカウンセリングルームだった。

＊＊＊

「やあ、葉山さん、その後に何か変化でもありましたか?」

「ええ、体調はよくなっています。あと心も落ちついています。ただ、仕事は全然見つからず、ブラブラしていても仕方がないので、ボランティアでもしようかと思いまして」

「ほう、ボランティアですか。いいですね。仕事が見つからないのにボランティアをするなんて、普通じゃないという人もいるでしょうが、活動するエネルギーが蘇ってきた証拠ですから、自信をもって取り組めばよいと思いますよ。仕事はその後、しかるべきタイミングでやってくるかもしれませんしね」

「はあ。そうだといいんですが……。それで、あの、もしよければ先生のところで何かお手伝いさせていただけませんか？」

「私のところで？　それはありがたいお申し出ですが、今は人手も足りていますし、どうしましょうかね」

「じゃ、この建物の前の道を掃除させてください。私が勝手にやることですし、先生にご迷惑はかけませんから。お願いします！」

真一は、思いつくままに話した。

「葉山さん、あなたという方は本当に素直で正直なだけでなく、人並みはずれた感謝の心をお持ちですね。ぜひ、お願いします」

「ありがとうございます！」

真一は、掃除用具を借り、道の掃除を始めた。仕事を探しながら、週三回の掃除が習慣となった。

ここまでは、男性、葉山真一についてお話しました。次に、女性のストーリーをお話します。今まで登場した真一も後で再び登場しますので、続けてお楽しみ下さい。

女、坂本あずさの話

現代人の多くが、日々の生活や仕事に追われて、必要以上に人間関係に悩んでいる。今年四十五歳になるあずさは、勤務先の病院で上司との関係に悩んでいた。そして、自分のこれまでの生き方、心のあり方を見つめ直していた時期でもあった。

あずさが看護師として勤務する病院では、同僚が上司からいじめられており、この七ヶ月の間に実に七名の職員が辞め、職場がガタガタになりつつあった。そして、ついにそのいじめの矛先が自分に向きはじめたことを感じていた。

「今度、上司に何か言われたら私、辞めるから！」

独身のあずさの話相手は、もっぱら電話の先にいる母親であった。

「そうかい……。でも、その後どうするつもりだい？」

母はあずさをなだめつつも、心配になることがひとつだけあった。それは、仕事以上に彼女の結婚についてだった。

「どうにでもなるよ」

そう言っては見たものの、別にあてがあるわけではない。正直言って、不安や焦りがないわけではなかった。

受話器を置いたあずさは、伸びてきた前髪を切って気分転換をしようと外出した。

＊　＊　＊

髪を少し切っただけで生まれ変われる気がする。そんな美容院は好きだ。しかし、あずさにとって、そこは苦い思い出のある場所でもあった。

あずさの額の左側には生まれつき、野いちごのようなブツブツの固まりのイボがあった。幼い頃から、シャンプーをしたり髪をカットするときに、この醜いイボを他人にさらすのが恥ずかしくて仕方なかった。

「あずさちゃんのイボの原因はお母さんが妊娠中に山の畑で転んでお腹を打ったのが原因らしいわよ」

幼い頃、近所の人がそう話しているのを聞いたことがある。

(みんなこのイボを変だと思っているんだ……)

その言葉に幼いあずさは傷つき、それ以来、他人に対して心を閉ざすようになった。

家でも学校でも、誰もイボのことには触れない。しかし、それは、あずさを憐れんで、そしてどこかで奇異なものを見る目で眺めているからだと感じていた。

母にもイボのことを口にしたことは一度もない。それは母を責めることになると思い、額のイボと、そして心をひたすら隠そうとして生きてきた。

学校でも好きな男の子に声をかけることができなかった。いや、目を合わせることも、挨拶をすることさえできなかった。

高校生のとき、同じ学校のサッカー部の男の子を好きになった。その男の子は遅刻ばかりしていて、掃除もせずに部活ばかりしていたが、明るくリーダータイプで、あずさとは正反対の性格だった。

(わたしなんて可愛くない。男の子に好かれるはずがない。相手から好かれるに値する人間じゃない)

好きになっても、挨拶すらできない、いや、女の子の友達にも言えないあずさには、彼をただ遠くから眺めることしかできなかった。

(誰も私のことなんか好きじゃない。私はひとりで生きていくしかない)

あずさはいつの間にか自分を追い込み、ますます自分の殻に閉じこもるようになっていった。

一人で生きていく。そう決めたあずさが選んだ仕事は、看護師だった。

就職した病院で、自分を苦しめてきたイボの摘出手術をした。自分を二十年以上苦しめてきたイボを、誰にも相談せず、ひっそりと取り去ろうとしたのだ。

三回の手術を経て、あずさの額からイボは痕形なく消えた。

「ああ、これでやっと普通の女の子になれる」

イボが消えた額を鏡に映しながら、あずさは希望に胸を膨らませ、喜びにひたっていた。

＊　＊　＊

イボがなくなってもうすぐ二十年。イボがあったのと同じくらいの時間が経とうとしていた。

「最近、仕事はどう？」

なじみの美容師は話好きだ。

「ええ、順調よ」

いつ辞めるかわからない、などと言えるはずがない。他人に心を開いて何でも話せたら、どれほど楽だろうかとふと思う。

「いいわよね、仕事に打ち込めるって。私も美容師だけど、家に帰れば何もしない旦那や子どもの世話で毎日クタクタよ」

彼女はあずさが独身であることを知っている。

「あら、そう、でもいいわよね、家庭って」

「そんなことないわよ。私も結婚なんてしないで仕事に生きれば今ごろ店だって何軒も持っていたはずよ」

美容師の表情には、悔しさと、それ以上の優越感とが入り混じっていた。

「そうね……」

あずさは、手元の女性誌の記事に目を走らせる。そこにあったのは、一冊の本の紹介記事だった。


『本気で自分を生かそう』

タイトルが目に飛び込んできた。

(あ、この本を読まなくては……)

自分ひとりに向かってかけられている声のように聞こえた。

＊　＊　＊

美容院で知った本は、帰り道の本屋に置いてあった。そこは小さな本屋で、あるはずもないため注文しようと思っていたのだが、偶然にも一冊だけ置いてあったのだ。

(私を待ってくれていたみたい……)

あずさは家に帰るまで待てず、本屋の向かいにある喫茶店に飛び込んでむさぼるように読み進めた。

職場の上司との関係、そして結婚を含めたこれからの人生について人知れず悩んでいたあずさの胸に、その本の一節が深く刻み込まれた。

「いま一度、自分の人生について考えてみる必要があるのです。二度とない一度の人生なのだから、これから残された時間に何をすべきなのか真剣に考えてみる必要があるのです……」

気づいた時には、受話器を耳にあてていた。

「はい、後藤です」

「あ、あの……本を読んだんですけど、先生はカウンセリングなんかもされているそうで……」

あずさは本の巻末に書かれていた、著者の開設しているカウンセリングルームの番号に電話をしたのだ。

「ええ、やってますよ。ただ、かなり先まで予約で埋まっていましてね」

「そうですか。詳しいことを教えていただきたいと思いまして。私は北海道に住んでいるんですが……」

「ほう、北海道から東京まで来られるのですか？　そういうことなら、明日ならキャンセルが一件出てますので、特別にお話をうかがえますが」

明日は仕事だ。

「え、明日ですか？　詳しいことをお聞きできればと思っただけですので……」

「そうですか。簡単な資料がありますのでお送りしましょうか？」

「あ、いえ、いいです。明日そちらにお伺いしますので、お願いします！」

他人に心を開くことができず、異常なほど慎重なあずさを知る人間にとっては信じがたい「即答」だった。

＊　＊　＊

大通りから一本道を入ったところに、そのカウンセリングルームはあった。

入口で少し躊躇したが、意を決して入ると、明るい雰囲気の部屋であずさは安心した。

受付を済ませ、奥に通されて待っていると、例の著者が現れた。

「こんにちは、坂本あずささんですね」

張りのある声は、聞いているだけで元気が出てきそうだ。

「あ、はい……今日は突然にもかかわらず、お時間をつくっていただきありがとうございます」

「昨日、電話をもらう何分か前にちょうど一件キャンセルの連絡が入りましてね。たまに出るんです、何ヶ月も前から待っていたのに、直前になってどうしても来られなくなる方が」

「そうですか」

「そして、まったく来る予定がなかったのに、突然来ることになる方もね……」

後藤氏は優しく微笑みながら、少し間をおいて続けた。

「まあ、**『縁』**というやつです。**その縁をどう生かすかは、あなた次第**ですが」

「は、はぁ……」

「さあ、では始めましょう。今日は何か悩みがあってここにいらしたのですか？」

あずさは、職場の上司との人間関係で悩み、仕事を辞めることになるかもしれないこと、美容院で見た雑誌で後藤氏の本を知り、いてもたってもいられずに電話したことなどを話した。

「そうですか。わかりました。職場の上司の方との関係ですね。ところで、これから進めていくうえで、大前提がひとつあるのですが、それを受け入れていただけますか？」

「大前提？　何でしょうか……？」

「それは、**自分に起きる出来事は、すべてあなたに何かを教えてくれているメッセージだということです。**」

「メッセージ？」

「ええ。まあ、それはおいおい分かるでしょうから、今はあまり深く考えなくて結構です。では、始めましょう。**原因のない結果はありません。**あなたの抱えている問題にも、何らかの原因があるはずです。それを見つけるためにも、少し過去の思い出を探ってみましょう。記憶に残っている出来事、その時に持った感情など、何でもいいですからこの紙に書き出してみてください。嫌なこと、思い出したくないことなら、なお効果的です」

あずさは渡された紙を見つめた。何も出てこない。

「わかりません……」

あずさは思わず紙を後藤氏に戻した。

「過去の嫌なことを思い出すのは辛いですよね。でも、坂本さん、ぜひ私の言う通りにやってみて下さい。心のうちを思いっきりこの紙に書いてみて下さい。正解、不正解はありません。今までで自分が一番嫌だったことを思いっきり紙に書くんです」

あずさは、「せっかく北海道から来たのだから」という思いと「もしかしたら自分は生まれ変われるかもしれない」という思いとで、ゆっくりとペンを動かし始めた。

＊　＊　＊

回想その一　『コンプレックス』

私には生まれつき、額にイボがあった

私を見ているの？
私を見られるの？
真正面から私の目を見られる？
おでこのイボを見ずに

カナちゃんの付けてる
前髪を止めるかわいいイチゴのヘアピン
家に帰ってひっそりつけた母のアメリカンピン
醜いイボが剥き出しに

十八歳
家を飛び出し職に就いた
三ヶ月で辞めたくなった

このイボのせいだ
二十四歳
太陽を浴びよう
上を向いて歩こう
イボは取り去られた

三十四歳
不安が消えない
引け目が消えない
……

＊

＊

＊

カウンセリング『恋愛』

　あずさの手が止まった。

「三十四歳のときに、何があったのか、よろしければお話しいただけますか」

　後藤氏は、包み込むように優しく、しかし真剣な眼差しで問いかけた。

「はい……実は、三十四の時に、社交ダンスをやっていて、先生から肩に力が入っているって言われたことがあったんです。でもそれが、どういうことかわからなくて踊れませんでした」

　あずさは今まで誰にも話したことのない思い出を、今、初対面の後藤氏に語ろうとしていた。

「それで、ある時その社交ダンスサークルを主宰していた会長から『首を伸ばしてごらん』って言われて、そしたら自然と肩の力が抜けて踊れるようになったんです」

「その人はあなたのことをよく見ていたのですね」

「ええ、それで……彼のことを好きになりました」

イボもなくなり、仕事も勤続十年と、「そろそろ結婚かしら」と真剣に考えた時期でもあった。

しかし、この恋は実らなかった。ダンスサークルのミニパーティの準備をいつもしてくれる中年の女性が

「たまには私もお客さんになりたいわ」

と言っているのを耳にしたあずさは、ある時、気を利かせたつもりでパーティーの食事の準備をしてしまったのだ。しかし、予想に反してその女性から反発をくらい、こともあろうに会長もその女性の肩をもったのだ。

（ああ、やっぱり私なんて人から好かれるはずがないんだ）

あずさは会長と距離を置く道を、自分から選ぶことになった。

失恋をきっかけにふさぎこんだためか、職場の人間関係までギクシャクし始めた。

何のために生きているのかわからず、ただ毎日を無駄に過ごしているような気がした。

＊　＊　＊

「この時が一番辛かったです」

あずさは涙を流しながら言った。

「坂本さん、よくがんばりましたね。イボがなくなっても、長い間、心のイボは残っていたわけですね」

「えっ？　心のイボ？」

「コンプレックスというのは、心の問題です。外見を変えても、心が同じでは運命が切り開かれることはありません」

自分の心はイボのあったときと変わっていないという後藤氏の言葉は、あずさには予想外だった。

「コンプレックスというのは、周りの人と比べて自分の方が劣っているという心です。日ごろは抑圧されながらも、無意識の中では存在し、現実の行動に大きな影響力を持

CDを聞いた方からのメッセージ

多数寄せられた感想のなかから
ほんの一部をご紹介します！

「『営業セミナーCD』の効果てきめんでした。聞いた直後の訪問先で即決。その日は2契約。次の日は3契約。その後も快進撃を続け、まわりも私自身もびっくりしています。先月迄時点（9名）で最下位争い（？）をしていた私が、いまや支店でトップ争い。西日本（200名）でベスト5入りを狙える位置につけています。締切まであと一週間。モチベーションを維持する為、CDを聞き続けます」

K. Y／石川県金澤市・49歳

「保険の営業をやっていますが、断られても余裕がでてきました。いつか契約ができると・・・。CDを拝聴させていただきました。すばらしい内容だと思います」

H. S／岩手県盛岡市・48歳

「CDを聞いて大変勉強になりました。ありがとうございます。30余年訪問販売をしてきました。「究極の営業マン（セールスマン）」になりたい者の一人として、「飛び込みのセールスマン」としてCDの内容は全て砂に染み入るように私の心に染み入り、タダにはもったいないCDでした。この出会いが必ず「究極のセールスマン」になれる入り口でありますようにと思っております」

S. Y／三重県津市・59歳

「私は最近すっかり自信を無くしておりまして、一旦営業の仕事をあきらめ、転職活動をしておりました。しかし今回このCDをきいて、不思議と自信がわき、また営業の世界で頑張ろうと思うようになりました。素晴らしい内容で、良かったです。モチベーションの低下している方に、是非おすすめしたいです」

M・T／ 愛知県常滑市・32歳

「聞き終えてなんか心の負担が軽くなったように感じました。ほこりと喜びを自分の仕事に持てるように、再度CDを聞き終えた瞬間からゼロの状態に戻ってがんばれる勇気をいただけました。ありがとうございました」

A・I／ 埼玉県さいたま市西区・37歳

「佐藤先生に勇気をもらいました。今営業の仕事をしているのですが、飛び込む先で冷たく断られる度に落ち込んでいったのですが、このCDを聞いてからは今までとは違い、落ち込むことも減り、楽しく仕事が出来るようになりました。佐藤先生の声としゃべり方には何か愛情が込められているようで、とても好感をもてました。営業の仕事はやはりトークではなく、情熱と愛ですね！」

T. N／静岡県浜松市・24歳

「CDありがとうございました、佐藤先生の情熱的な言葉に自信が出てきます。いかなる状況も学びであること、愛を持ったセールス本当に大切だと思います」

H・I. ／帯広市・41歳

「暗い気持ちでいる自分がとてもバカらしく思えてきました。気持ちや自分自身がこれからの人生を作っていくんだ、仕事をしている自分が輝いていないと、生きている意味はないんだという思いになりました。くり返し聞き続けることがとても大切だということをこのCDを通じて感じることが出来ました。ありがとうございました」

T. N／28歳

「驚きそして納得をして元気付けられるすばらしいCDでした。毎日の行きづまりの中で方向性や状況とか、結果の受け取り方が自分でわからなくなった時に改めて「ああそうか」と思い直すことができます。自分にあてはまる痛い言葉が数多くあり、その度に中途半端な自分を再確認しました。
繰り返し聞く度に、その時の自分にとって耳にとまる言葉が発見できたような気がします。どうしても頭でわかったつもりになり、全力で行動すること、それを維持することが出来ない点あり、自覚し、方向修正していきたいと思います。佐藤先生の熱意のこもった貴重なCD本当にありがとうございました」

Y・S／千葉県・46歳

「このCDを聞いて今までの営業方法とは違う内容に驚きました。自分でも話法や技術ばかりを追い求め、結果もあまり出せず、小手先の営業になっていました。全てに対して全力で取り組むという言葉に当たり前なんですが深く感銘を受け、自分も全力で頑張っていきたいと思います」

Y. K／青森県・26歳

ご応募は裏面へ
FAX:03-3358-8964

不思議なCD無料プレゼント！

『磁石の法則』には続きがあります！
本書の著者 佐藤康行の「幸運を呼ぶ」
講演ＣＤを無料プレゼントします！（期間・枚数限定）

「あなたの心を変えれば、引き寄せる運命も変わる」

本書にはそう書かれています。では、どうすれば心を変えることができるのか？　この問いに答える1枚のCDが存在します。

この度、**『磁石の法則』**の読者に、本書ではお伝えしきれなかった、「心の磁力の変え方」の詳細について、著者の佐藤康行が語った講演内容が収録された**『磁石の法則』の続編CD（40分/効果的聞き方解説付）を枚数限定で無料プレゼント**します。

聞く人の心の奥に眠る「本当の自分」を揺さぶるこのCDを聞いた方から、すでに多くの不思議な体験談が寄せられています。そして、より多くの方にこのCDを聞いていただき、感想や体験をお知らせいただくために、今回無料にてプレゼントさせていただきます。CDが届きましたら、同封のアンケートにCDをお聞きになられて簡単なご意見をご記入いただき FAX もしくはご郵送ください。CDはそのままプレゼントいたします。

すでに多くの方にご応募いただき、聞いただけで「迷いが一気に晴れた」「聞いてから明らかに元気が出てきた」など、嬉しい感動の声が続々届いています。

【CDをお聞きになった方々のご感想は裏面をご覧下さい】

詳細資料と共にお届けします。なお、無料プレゼントは**期間・枚数限定**です。今すぐ下記へご記入の上FAX若しくは電話、E-Mailにて下記項目と『磁石の法則』を読んで、と必ずお知らせの上、ご応募ください。（お一人様１枚です。過去にご応募された方の２度目のご希望はご遠慮ください）

ご応募は今すぐ ⇒ FAX：03－3358－8965（24h受付）

ホームページでも、同内容の音声が聞けます ⇒ http://shinga.com/

心の学校・佐藤義塾まで（tel：03－3358－8938 E－Mail：info@shinga.com）

【無料CDプレゼント『磁石の法則』続編CD＆詳細資料 FAX申込書（磁石の法則）】

お名前《ふりがな》　　**ご年齢**

ご住所 〒

電話番号

E-MAIL　　**ご購入書店名**

※無料プレゼントは期間・枚数限定です。お申込はお急ぎください。

つものです。坂本さんの場合、自分の額のイボを見て『私は人から好かれる人間じゃない』と思い込むようになったわけですが、イボがなくなっても、その心は変わらず、何をしても誰と接しても緊張して、心にゆとりがないわけです」

「私はどうしたらいいんでしょう……?」

あずさは悲しい目をしながら顔を伏せた。

「自分を認めてください。そのために、コンプレックスをもっている自分を受け入れるのです」

「え……」

「コンプレックスを持っている事実を『受け入れる』ことによって、心のゆとりが生まれ、その瞬間から視野が広がり、『だからこそ自分を磨こう』『人の協力を得よう』という努力や改善の心が生まれるのです。つまり**コンプレックスは、心の状態ひとつで一瞬にして貴重な財産に変わる**のです」

「コンプレックスを受け入れるなんて……難しいです」

「あなたはすでに、その道に乗っていますよ」

「え、どういうことですか？」

「じきにわかると思います。では、次は一ヶ月後に来ていただけますか？」

「はい、わかりました」

「坂本さん、それです」

「え……何ですか？」

「その**素直な心**です。あなたは必ず幸せになりますよ。だって、北海道から東京まで一回来るのに、時間も費用も相当かかるはずです。普通の人なら、まず来ないでしょう。でも、坂本さん、たとえばの話ですが、一生を共にするパートナーに出会うとしたら、それはお金に代えられないことですよね」

「一生を共にするパートナー？」

「まあ、それはたとえばの話ですが、『自分を磨こう』、『自分を変えよう』とするあなたの意気込みは確かなものです。迷わず、一ヵ月後も来てくださいね」

「はい、わかりました」

それから一時間ほど、あずさは後藤氏と過去の思い出について話をしてから、カウンセリングルームを後にした。

外に出ると、一人の中年男性が道を掃除していた。

(こんな暑いのにご苦労さま)

あずさはその背中に向かって、心の中でささやいた。

＊　＊　＊

一ヶ月後、あずさは再び仕事を休んで、東京へと向かう飛行機に乗っていた。

昨晩の機内で、初めて聞くアナウンスが流れた。

どうやら、機内で体調を崩した女性がいるらしく、医師か看護師を探す放送だった。

(こんなことが本当にあるんだ……)

あずさは驚きつつも、席の横を通りかかった乗組員に何でもないかのように告げた。

「あ、私、看護師です……」

「ありがとうございます。こちらへ来ていただけますか?」

機内でパニック症状を起こした女性がいた。看護師のあずさの対応により、女性は落ち着きを取り戻した。

「本当に助かりました。ありがとうございます」

あずさと同年代の男性乗組員が深々と頭を下げ、礼を述べた。

＊　＊　＊

「まるでドラマか映画のようでした」

あずさは来る途中での出来事を後藤氏に話した。

「そうですか。出来事はすべてメッセージです。その出来事は、天が認めているというメッセージかもしれません。あなたがしてきた仕事も、そして、ここに来たことも、天が『それでOKです』と示していると解釈できます。『あなたが、人を救いなさい』とね。このまま進んでください」

この日のカウンセリングでも、結局、あずさの心はすっきりとはしなかったが、飛行機の中での出来事もあり、少しづつ自分を認められるようになってきていた。

（人を救いなさい……）


外に出てからも、後藤氏に言われた言葉が脳裏に焼きついていた。

あずさに出来る人助けといえば、看護師の仕事に励むことのように思えた。

気づくと、先日見かけた男性が、また掃除をしている。

「暑いですね」

見ず知らずの人に声をかけるなど、これまでのあずさには考えられないことだった。

「えっ？　あ、あぁ……そうですね。でも、もう少しで涼しくなるとか」

突然話しかけられた男性は、驚きながらもにこやかな笑顔で答えてくれた。

「暑いと、お仕事も大変ですよね」

「いや、好きでやっていることですから……」

男性は仕事ではなく、「ボランティア」として道の掃除をしているという。

「なんかね、ここの掃除をしていると、心の安らぎを感じるんですよ」

「へえ。私も手伝います」

「そ、そうですか。こちらのカウンセリングルームに来ている方ですか？」

「ええ。先日、北海道から初めて来まして……」

「ええ！　北海道から!?　ご主人やお子さんは心配されません？」

「私、独身なんです」

「ああ、ごめんなさい」

「いえ……」

なぜ、謝られるのか、あずさは納得がいかなかったが、あたりさわりのない返事をしながら続けた。

「あなたは？」

「え？　僕は……独身ですけど」

あずさは自分の胸の高鳴りが信じられなかった。

（なんてことだ。私は外見重視、一緒に歩いたらかっこいいと思われるような相手を求めていたはずなのに……）

その晩から、二人の間でメールのやりとりが始まった。

魂の結婚

真一が掃除を始めて一ヶ月が経った頃、掃除用具を片付けていると後藤氏が声をかけてきた。

「葉山さん、いつもありがとうございます。その後、調子はいかがですか？」

「実は先日、ある女性と知り合いまして……」

「ほう。それはすばらしい」

「ええ、こんな状態の私でも一人の人間として接してくれて、自信が出てきます。ただ……」

真一は後藤氏から目をそらして次の言葉を探ったが、何と説明してよいのかわからず、二人の間に沈黙が走った。

「ただ、何ですか？　まさか結婚でもすることになりましたか？」

後藤氏は、それがあたりまえのことであるかのように、顔色一つ変えずに言った。

「えっ。あ、何で分かるんですか？　実は、そうなんです。結婚を申し込もうかと思っていまして。でも私は仕事もしてないですし、彼女は北海道に住んでいるんですよ。それで、どうしたものかと……」

「ほう。仕事もないのに結婚。それも遠距離恋愛ですか。これはまた、ふつうじゃないという人が大半でしょうね。私は迷っている人によく**『迷ったら近づけ』**とアドバイスします。迷っていても本当によいかどうかはわかりません。グーっと近づくことで、本当に自分と合うか、そうでないかがわかるのです」

「『迷ったら近づけ』ですか……？　私の場合はどうすればよいのでしょうか」

「葉山さん、これはあなたの人生ですから、あなた自身が責任をもって決断しなくてはなりません。そのための一つの意見としてお聞きいただけますか」

「はい。もちろん自分で決めるつもりです」

「あなたの場合、仕事より結婚が先でしょう。あなたの心が変わり、まず引き寄せられたのが、その女性なのですから」

真一は後藤氏の言葉に耳を疑った。何も言えずに後藤氏の瞳を見つめていると、彼はゆっくりと続けた。

「結婚することから始めていいと思いますよ。そこから何かが変わる気がします。そうですね、仕事をしていないのに女性が寄ってきたんですから、そんな表面的な価値観でのつながりじゃないでしょう」

「たしかに、彼女を見ているとまるで『他人の中に自分を見ている』ような感じがするんです」

真一は自分の中で、「カチッ」と音をたてて何かのスイッチが入った気がした。

＊　＊　＊

「結婚してくれませんか」

三日後、再びカウンセリングのために東京まで出てきたあずさに会うと、真一は開口一番つぶやいた。

「はい。こんな私ですが、どうぞよろしくお願いします」

あずさも、考えるより先に言葉が出ていた。

それまでまったく交わることのないように見えた二つの人生が、交差した瞬間だった。

＊　＊　＊

あずさが東京に出てきて、真一と一緒に住むようになって一ヶ月が経とうとしていた。お互いに孤独だった二人にとって、毎日が楽しく、人生後半になってめぐってきた春のように思えた。

その日、あずさが外出先から戻ると、まだ仕事が見つからない真一が昼間から寝ていた。テーブルの上には、ウィスキーの空瓶が転がっている。

「ああ、帰ったのか？　どこいってたんだ！」

いつものやさしい真一とは別人だった。目を見ると、血走っている。それは、看護師をしていたあずさが、何度も目にしてきた姿だった。

（この人はまだ完治していない……）

あずさは得体の知れない恐怖に襲われた。

（ああ、私は選択を誤ったのだろうか……今ならまだ間に合う！）

自分の生活と人生を守るために、あずさはその場から逃げ出したい衝動にかられた。


それから三日間、あずさは真一と口を聞くこともなく、一人悶々としていた。真一と出会った後藤氏のところへ相談にいくのも気がひけ、どこかに自分を助けてくれるところはないかと救いを探した。

慣れない土地で友人もいないあずさは、故郷の旧友に電話をかけ、悩みを打ち明けた。

「あずさも大変ねぇ、せっかく東京までいったのに。もしよければ、里帰りもかねて、私が通っているセラピーを受けてみない？　すごい効果で評判なのよ」

タイミングのよい話に、自分を今の状態から救ってくれる人かもしれないと感じたあずさは、しばらく実家に帰ると告げて家を出た。

＊　＊　＊

「どこへ行ってたんだ？」

あずさが実家から帰宅すると、真一がアルコールのにおいを漂わせながら聞いてきた。

「どこって。少し実家に帰るって言ったじゃない」

こんなアルコール依存の人間に、なぜ問い詰められなければならないのか。

「昨日、お義母さんに電話したら、どこかの霊能者のところへ行ったっていうじゃないか!?」

「霊能者？　やだ、そんなのじゃないわ。セラピーよ。カウンセリングと同じよ」

「カウンセリングなら、後藤先生のところへ行けばいいじゃないか」

「だって……」

「あなたのせいよ」とあずさは言いそうになったが、「後藤」という名前を聞いた瞬間、いつだったか北海道から東京へ向かう飛行機の中で遭遇した出来事がふと脳裏に蘇った。パニック障害の急患が出て、看護師だったあずさが呼び出されたあの出来事だ。

あの時、後藤氏は何と言っていただろう。

「自分の身に起きる出来事はすべて何かを教えてくれるメッセージです。天からのOKサインです。あずささん、あなたは人を救いなさい、ということです」

あずさはハッとした。

(これが私の役割……?)

目の前には酔っている夫がいる。その目を見据えてあずさは意を決したようにつぶやいた。

「あなたのこと好きよ。だから、アルコールをやめろなんて言わないけど……身体のことを考えて少し控えてほしいの」

今度は、真一がハッとする番だった。

＊　＊　＊

真一の飲酒量は急激に減っていった。

（俺は、あずさと出会わなかったら今頃この世にいないだろうな……）

真一には感謝の気持ちが次から次へと湧きだしてくるようになり、あずさのためにも、仕事を真剣に探すようになっていた。

面接に臨む態度も一変し、採用が決まった。それは、真一がもっとも得意とする大型コンピュータのシステムを構築し、運用していく仕事だった。

最新のコンピュータを前に、すでに五十代半ばの真一にいったい何ができるのか。

真一には自信も何もなかったが、日々、両親やあずさ、自分を支えてきてくれた人々に対する感謝を忘れずに、真剣に仕事に取り組む日々が始まった。

結論から言えば、その年の年収は一千万を超えることになる。

あの、余命一年半と宣告された年から、実に二十倍である。

そして、六十歳を控えた真一にとって信じがたいことに、会社側から提示された条件は、あと十年は今の仕事が続けられるという内容だったのだ。

何よりも嬉しいのは、自分が最悪の状態のときに結婚してくれ、さらにアルコールの魔力から脱しきれないでいた自分を救ってくれたあずさに、経済的な心配をさせないですむことだった。

真一自身、自分にいったい何が起きているのかわからなかった。ただ、自分の意思や努力ではなく、何か大きな流れに乗ってとんとん拍子に事が進んでいる感覚はあった。そのことを確かめるべく、真一はあずさを誘って後藤氏のもとへ向かった。

＊＊＊

「体調も、収入も、一気によくなってきました」

真一は声を弾ませて、一連の出来事を報告した。

「そうでしたか。それはよかった」

顔をほころばせながら耳を傾けていた後藤氏は、ゆっくりと話しはじめた。

「葉山さんがこちらにお見えになって、心が変わり、アルコールの量も減っていった。それは間違いない。でも、心が変わってまず引き寄せられたのは、あずささんでした。そして、すべてに先駆けて結婚した。だからこそ、過去のクセに引き戻されることなく、心の変化に勢いがついていったわけです」

「仕事がない時はまさか結婚なんて、と思いましたが、本当にあずさと結婚してよかったと思います」

「あなたの命の恩人ですからね。私から見ると、そう、**二人は深い魂のレベルで結びついています。見てくれとか、財産とか、そういう感覚的・物質的なものを超えた、太いロープで結びついているから切れないのです。**もしお金や美貌や家の良さや、そんなもので引き寄せられた二人だったら、それらがなくなればすぐ切れてしまいます。しかし、お二人の場合は、直感をも超えた魂レベルのつながりです」

「でも、先生、喧嘩もけっこうしてしまいます」

あずさが口を開いた。

「ええ、今はお互いに摩擦があっていいんですよ。たとえば、包丁は摩擦によって研がれるとよく切れるようになりますよね。それと同じです」

「たしかに、最近はあまりぶつかることもなくなりました」

「さらに言えば、向かい合っていると相手の粗《あら》が見えて争うことになるのです。ですが横に並んで、同じ方向を見ていれば、ぶつかることはなくなります」

「なるほど」

真一が神妙な顔をしてうなずく。

こうして後藤氏の話を聞いていると、あずさと出会う前、そして出会った後、過去の出来事がひとつでも欠けていたら、今のこの幸せはないと思えてくる。すべての出来事がつながって、最高の人生という一本の線になっている。

「先生、なんだかあずさとは、本当に魂の結婚をしたように思えます」

真一は自分の口から「魂」などという言葉が出たことに驚きながらも、今の実感を話した。

「そうですね。いわば、お二人は、もともと一つだった魂が分かれて、別々の両親の下で育ち、それぞれ別の場所で修行をして、また出会ったのです」

後藤氏は、確信に満ちた表情でつぶやいた。

あずさは、隣に座っている真一の横顔に目をやる。

一人で生きていく。かつてそう心に決めたあずさの本当の願いは、専業主婦になることだった。その願いを叶えてくれた真一が目の前にいる。

「私はダメだ」

「私には恋愛は似合わない」

「男性に好かれるはずがない」

その口癖は、最近口にしていない。

生まれ変わった自分。それは、目の前にいる真一のおかげだ。

もし、あの美容院で一冊の本に出会い、東京に来ようと思わなければ、どうなっていただろう。真一に出会うこともなかっただろう。そして、上司が嫌になり、仕事を辞め、結婚もせず、「自分はダメだ」というコンプレックスの固まりで、両親を、そして社会を恨んで人生を終えていたに違いない。

いや、考えてみれば、自分にイボがあり、コンプレックスがあったからこそ、ここに辿り着いたのだ。悩みがなければ、美容室で雑誌を見ていても、あの本は自分に響いてこなかっただろう。その帰りに寄った本屋に一冊だけ置いてあったことも、偶然ではなく、必然であるように感じられる。

自分は最初から導かれていた。

そんなふうに感じてしまう相手とめぐりあえたことに、今、感謝の念が絶えない。

これからまた、喧嘩もするかもしれない。でも、その度ごとに、相手の言葉に振り回されず、その奥にある心に目を向けることができるようになっている。魂と魂が響きあう。二人は本当にそんな関係だ。

助け、助けられ共に人生を歩んでいく。

まったく違う二人だが、

魂は似ていると感じている。

「今日は、後藤先生のところへ行って本当によかったね」

「ええ、本当に」

帰り際、真一とあずさはひさしぶりに外で食事をした。

＊＊＊

翌朝、空は雲ひとつない快晴となった。

あずさは、小さなあくびに合わせて左手で前髪を撫でた。そのしぐさはあずさの癖だ。彼女は、笑うときも泣くときも困ったときも、いつも左手で前髪に手櫛を通した。

真一はそのしぐさが好きだ。最初は、あまりに何度もやるので気になったが、今はそのしぐさをかわいいと思うし、愛しく感じる。

「なに？　人の顔をじろじろ見て」

あずさが左手で前髪を撫でながら真一を上目使いで見る。

「いや、今日は何をしようかな、と思ってさ」

こんな朝が来るなんて思ってもみなかった。小さな部屋のアパートだけれど、机の上には白いご飯と大根のお味噌汁、焼いたシャケと玉子焼きが湯気を立てて並んでいる。ご丁寧に玉子焼きにはシラスが混ざっている。

「そうね、六義園《りくぎえん》の紅葉がいい頃らしいから行ってみない？」

彼らのデートといったら、公園と決まっていた。二人とも人混みは苦手だったし、映画やコンサートも興味がなかった。

朝食をすませ、ゆっくりと出かける準備をした。

焦る必要なんて少しもない、と真一は全てをゆっくりやりたかった。これまでの慌しい生活すべてを否定するように、そして取り戻すように二倍も三倍もゆっくりゆっくりやりたかった。

「さあ出ましょう」

太陽がまぶしい。だんだんと太陽の光に引け目を感じるようになっていたあの頃は、もう過ぎ去った過去だ。

真一はあずさには本当に感謝している。あずさは本当に美しい。見た目とかではなくて、もっと内面の美しさを持っている。あずさといると、邪念とか偽りとかごまかしとか、そういうのなしに、自分と向き合える。真一は、あずさと一緒にいればいるほど、どんどん魅かれていく。

「また人のことじっと見てー。やめてよ、緊張するじゃない」

まんざら嫌そうでもなく、あずさが左手を額にあてて笑う。

この人となら、分かり合えるし認め合える。あずさはそう感じている。

そして、あずさの笑顔が真一を生き返らせる。アルコール依存症もなくなり、カッとすることもなくなった。今、真一は妻の喜ぶ顔を見る時が一番幸せだ。


駒込駅を降りて、信号を渡りながら、あずさが首を伸ばして姿勢を正す。太陽がキラキラと彼女を照らす。その一挙一動が愛しい。

紅葉の下で前髪に手櫛をかけている、あずさの左手を握って、「この手を離さない」と誓った。

あなたの人生に幸運を呼び寄せるために　～解説とヒント～

心は運を引き寄せる磁石

最後まで読んでいただき、ありがとうございます。この話は、登場人物の名前を変えてあり、またストーリー調に一部書き換えてありますが、実話に基づいています。この体験談を私の開催している講座で話をしたところ、大きな反響を呼びました。あなたはこのストーリーを読んでどのように感じましたか？

■両親との関係を修正する

ストーリーの中で、真一さんには離婚、健康状態の悪化、そして失業と多くの出来事が重なります。男女関係や夫婦関係が崩れていくのと、仕事がうまくいかなくなるのとが同時に起こる、そんな例を私はたくさん見てきました。

なぜ、同時に起きるのか。それは、うまくいかないことの**原因が外の出来事や他の人にあるのではなく、その人の「心」にある**からです。

真一さんに対してカウンセラーの後藤氏は過去の記憶を探ることを勧めます。そして記憶を探る中で、真一さんは自分の心の中に「父親を恨む心」を見つけます。

この世に生まれてから最初の人間関係である両親との関係。その関係は、その後の人間関係の原点ともいえるものです。

洋服を着る時、最初のボタンを掛け違えると、最後までズレてしまいます。そしてそのことに気づくのは、最後のボタンを掛けるときです。同じように、**親子の関係という最初のボタンを掛け違えていると、すべてがズレた人生を送り、そのことに最後に気づくことになる**のです。

両親との関係は、夫婦やそれ以外の人間関係にも影響を及ぼします。両親に対する恨みの心を持ったままでは、いくら才能があっても、結果的に思うように物事がすすまないのです。

真一さんの場合では、最初のボタンを掛け違えたまま、仕事を一番にして必死に頑張り、一時的に好調なときはあったかもしれませんが、「上司から認められていない」という思いに悩まされたり、家庭で問題が起きたりと、公私ともに事がうまく運ばず、さらにはアルコール肝硬変となり余命一年半と医師に宣告されるまでになりました。

しかし、真一さんは小さな縁から、後藤氏と出会い、心の中で父親との対話を続け、結果的に両親の愛が強く彼の心に迫ってきたのです。そして、「我欲に満ちた自分勝手な人生だった」「両親の愛を自分はわかっていなかった」という反省の心が湧いてきたのです。憎しみの心が「感謝の心」に変わった瞬間です。


心が感謝で満たされた真一さんはその後、導かれるようにして魂のパートナーであるあずささんと出会って結婚します。そしてさらに心の状態が安定し、健康状態もどんどん良くなり、やる気に満ち溢れて五十代半ばで年収も五十万から一気に一千万という金額になりました。

なぜ、**心の状態が変わるだけで、トントン拍子で運命が切り開かれていく**のか。

まず言えるのは、本物のやる気というのは、ご先祖様から両親へ、そして我々へと引き継がれている大切な「命」の中から湧き出てくるものだということです。会社や学校では、やる気を出すためのいろいろな手段が講じられていますが、所詮、表面的なやる気にすぎません。

本物のやる気とは、「ありがとう」という感謝の気持ち、「自分がやらなければ、みんなが路頭に迷う」という正義に満ちた心から湧き出てくるのです。

そのようなやる気に満ちていれば、仕事もいっそうはかどり、運命が開けていくのも不思議ではないでしょう。

さらに、心が愛と感謝に満たされていると、その心が、言葉や表情、態度や行動となって表れます。愛と感謝に満ち、いつも自然な笑顔で、やさしい言葉を口にし、思いやりのある行動を取るような人が、他の人から好かれないはずがありません。

「幸運」と一言で言いますが、たとえばお金にしても、羽が生えたお金が自分で飛んでくるわけではなく、人が運んでくるのです。幸運を呼ぶのは、他でもない、あなたの心のあり方なのです。

幸運も不運も、あなたの心が引きつけるのです。ですから、不運に嘆いているのであれば、心の磁力を変えて、幸運しか引き寄せない磁石になればよいのです。

■コンプレックスは捉え方を変えると財産になる

あずささんの場合、生まれつきの額のイボが自分のコンプレックスとなり、自分の内に閉じこもり生活してきました。

「自分はかわいくない」「男性から好かれるはずがない」というマイナスの心が、いつも男運を逃がしてしまっていたのです。

しかし、コンプレックスの本質とは外見などではなく、自分の心の問題であることを知らされ、自分の心に向き合うことに取り組む中で、少しずつ自信を取り戻していきます。

その結果、小さな縁を生かして、自分を認めてくれる最愛の夫である真一さんと出会い、結婚に至ったのです。しかし、それがゴールではありません。夫婦生活を共にし、夫の愛に触れる中で、コンプレックスを根底から解消していったのです。自分を心から愛してくれている真一さんへの感謝が、彼女の心を癒したのです。

コンプレックスというのは、周りの人と比べて自分の方が劣っているという心です。日ごろは抑圧されながらも、無意識の中では存在し、現実の行動に大きな影響力を持つものです。

コンプレックスを否定していると、私たちは何をしても誰と接しても心にゆとりができません。これは本当に辛いことです。

私も若い頃、コンプレックスの固まりでした。いつも「情けないな」と思いました。しかし私は、コンプレックスを受け入れればよいということに気づいたのです。「受け入れる」ことによって、心のゆとりが生まれ、その瞬間から視野が広がり、**「だからこそ自分を磨こう」というハングリー精神**、そして**「人の協力を得よう」という謙虚さ**が培われ、本当に魅力的な人間になれるのです。

つまりコンプレックスは、心の状態ひとつで一瞬にして貴重な財産に変えられるのです。

このことは、引け目を感じる心すべてに当てはまります。

例えば、離婚をした両親を持つ子どもは「私は親から愛されていない」「ひとりきりで生きていくんだ」というマイナスの心の状態でいます。

両親の離婚を受け入れることができないと、非行やうつ、最悪の場合、自殺にまで自分を追い込むことになります。しかしその事実をいったん「受け入れる」と、考えが深くなり、逆境に強くなり、人の立場に立って物事を考えられるようになるのです。

そんな人を私はたくさん見てきました。

あなたが今、コンプレックスや劣等感を持っていても、それが「自分を磨こう」というハングリー精神や、「人の協力を得よう」という謙虚な心となったとき、予想外の磁力となって幸運を引き寄せることになります。

そう考えると、私たちのコンプレックスは、捉え方ひとつで、自分自身を高め、運命を切り開くための貴重な財産になるのです。

あなたの人生を無限に幸せにするための五つのヒント

（1）魂の縁を生かす

人間の一番浅い付き合いは、物や金銭などを通した付き合いです。

少し深い付き合いは、情や世間体での付き合いです。

もう少し深い付き合いは、肉体的な付き合いです。

さらに深い付き合いは、魂の付き合いです。

あなたの人生を無限に幸せにするためには、魂の縁でつながった付き合いを求め、それを大切にすることです。

『因縁』という言葉があります。

私たちには、オギャッと生まれた時にすでに備わっている性格や性質があります。ご先祖様の色々な性格や心、思い、体験が何代も積み重なり、私たちに引き継がれているのです。だからこそ、先祖と同じ病気になったり、同じ失敗をしがちなのです。

『因縁』の『因』とは植物のタネのようなものです。タネは将来どう咲くかすでに決まっていますが、タネを机の上に放っておいても花は咲きません。それが土、水、栄養分、太陽と出会って初めて花が咲くのです。この出会いを『縁』と言います。

人の場合にあてはめると、生まれた後に親・兄弟・先生・友人との出会いという縁によって、どんどん自分の個性が引き出されます。

出会いの対象は人だけでなく、本や録音テープでも同じです。まったく思いもよらない心が縁によって自分から引き出されます。

そして、この『縁』によって、自分の素晴らしい面を発見できるのです。

「小才は縁に逢って縁に気づかず、中才は縁に逢って縁を生かさず、大才は袖触れ合う他生の縁もこれを生かす」という言葉があります。「小才」はどんなにすばらしい縁＝チャンスに巡り合っても、それと気づかない。「中才」はたとえ、そうしたチャンスに気がついたとしても、それを十分に生かすことができない。しかし、「大才」は街中で袖が少し触れ合う程度の小さな縁をも、大きく生かす。まさにこの言葉のとおりです。

あなたが今、どのような状況にあろうとも、小さな縁を見つけてそれを生かすならば、人生の流れを大きく好転させることができます。その縁を生かせるかどうかが「小才」と「大才」を分けるのです。真一さんとあずささんのストーリーも、そのことを教えてくれています。

素晴らしい縁を生かすか生かせないかは、あなたの心ひとつです。それが運命を大きく変えることにもなるのです。

（2）「運命の人」「魂の類友」と出会う

眼で見る視覚、耳で聴く聴覚、舌で味わう味覚、鼻で感じる嗅覚、そして手足などの触覚と、人間には五つの感覚があります。異性のパートナーを選ぶときに「相手の容姿がいいから」とか、「財産をもっているから」というのは感覚的な関係です。五感の関係とも言えます。

また、「直感的に好きになる」ということもあるでしょう。五感の関係よりは、誤ることが少ないかもしれません。

ところが、第六感とも言われる直感を超える、第七感以上の関係というものがあるのです。それは魂のつながりです。

真一さんとあずささんの場合は、まさにこの第七感以上（＝魂）の結びつきです。「類は友を呼ぶ」といいますが、この二人は、「魂レベルでの類」といえます。表面的ではなく、本当に深いところで同じ価値観を求めているのです。いわば、「魂の類友」

なのです。

趣味、例えばゴルフの好きな類友だけで集まった仲間は、ケガをしてゴルフができなくなれば縁が切れるかもしれません。しかし、ここで言う「魂の類友」というのは、そういう表面的な縁ではないのです。

真一さんとあずささんの場合、夫婦喧嘩をしても、お互いの表面的な違いを見つけたとしても、簡単に縁は切れません。

むしろ表面的には違ってもいいのです。それが二人の学び（＝魂の磨き）となり、人生の味わい、深みとなっていくのです。

どんな人にも、深い縁のある運命の人がいると思って間違いないです。

では、その深い縁のある、魂レベルでのつながりのある人と出会うためには、どうしたらよいのでしょうか。

そのためには、自分の潜在意識を掘り起こし、その潜在意識の深いところで、相手をキャッチすることです。自分の中のもっとも奥深いところにあって、光り輝いている心に気づき、その心で生きたときに現れた人、その時に自分が魅かれていった人があなたの**運命の人、もっとも深い心で結びついた「魂の類友」**なのです。

あなたの近くにいる人が運命の人かどうか迷ったときは、近づいてみて下さい。例えば、磁石のN極とS極がくっつくか、それとも離れるか知りたければ近づけるとわかります。それと同じように、人も近づいてみた時に自然と答えが出ます。頭で考えた答えではなく、もう最初から決まっている答えです。

最初からくっつくことが決まっている関係、それをソウルメイトと言います。

あなたは「魂の類友」「運命の人」と出会うことで、あなた自身の人生の流れを大きく変えていくことができるのです。

（3）心を透明にする

ストーリーの中で、後藤氏は真一さんに対しても、またあずささんに対しても、その**「素直な心」**を褒めています。それは、素直な、そして透明な心が幸運につながるからです。

素直というのは、「素の心」とも解読でき、魂の叫びをそのまま出すことです。最も深いところにある本音の心を出すことです。

素直な心は相手の中に眠っている素直な心を呼びさまします。

ストーリーの中で、真一さんは父親の深い愛に気づきました。そして、感謝の言葉を、父親の目の前で伝えたのです。その素直な心が、父親の中に眠っていた素直な心を呼び覚まし、親子の確執が解決したのです。

最も深いところにあるこの心とは、愛の心、感謝の心です。そして、一人の例外なく人は皆、素晴らしい心を持っているのです。それは誰からも歓迎される心です。

素直な心で生きる。それはまた、ありのままを真っ直ぐ見られる目を持って生きていくということです。言い換えれば、ありのままの宇宙のシステムに沿って生きていくということです。

人間は年をとればとるほど、自分の過去の記憶による固定観念に縛られ、色眼鏡で人を見ることが多くなってきます。ですから、折にふれ「自分は素直な心で生きているか？」と自分に問いかけてみることです。

相手が「何を求めているのか」、「何を言いたいのか」をまっすぐに受け止める素直な心を持つことで、あなたは人間関係においても調和を表現し、幸運を呼び寄せることができるのです。

（4）相手の性質をわかってあげる

ストーリーの中で、真一さんとあずささんが夫婦喧嘩に悩んでいるシーンがあります。素直な二人でさえ、喧嘩をすることがあるわけです。愛し合って一緒になったはずなのに、なぜ喧嘩をしてしまうのでしょう。

そもそも、人と人がぶつかり合うのは、なぜでしょうか。

それは、異なる価値観がぶつかり合うからです。

「『愛』の反対語は何か？」という質問をすると、ほとんどの人は「憎しみ」「恨み」といった答えをします。しかし、私は「愛の反対語は『価値観』」だと言っています。

では、価値観のぶつかり合いとは、どんな状態なのでしょうか。

価値観とは形です。例えば、△という形と□という形があります。表面的には形が違うから、表面だけを見ていたら違う種類のものです。

だからといって、△に対して「なんで△なんだ！」とその性質そのものを問いただしたり、「なんで□にならないんだ？」と△に□になることを強要しても、永久に△が□になることは不可能です。

それと同じで、妻が夫に「少しは家のことをやってよ！」「自分の下着くらい洗濯してよ！」「休日は、子どもの相手をしてくれたっていいじゃない！」などと要求したら、逆に相手はやる気をなくし、反発することでしょう。

また、夫が妻に「お前は家にいて子どもの世話をしていればいいんだ」「もう少し色気があってもいいんじゃないか?」「なんでお前はそううるさいんだ?」と相手の傷つくことを言った瞬間に喧嘩が始まります。

私はそのように表面的なことを相手に要求する夫婦やカップルをたくさん見てきました。

あなたはどうですか?

喧嘩をする夫婦だからといって愛し合っていないわけではありません。

人は皆、自分のことを認めてほしい、愛してほしいと思っています。その心が強ければ強いほど相手に要求することが多くなり、衝突してしまうのです。

この夫婦喧嘩の影響は夫婦だけにとどまりません。たとえば、妻が妊娠している最中に夫婦喧嘩をした場合、お腹の中の子どもは全部聞いていると思ってください。

生まれてくる子どもが、さまざまな形で影響を受けるのです。そして当然、生まれた後も両親の喧嘩を見て育った子どもは、心に傷を負うことが多く、さらに将来、同じことを繰り返すことになるでしょう。

誰しも、愛し合っている両親の間に生まれ、生きていきたいはずです。

だからまずは聞く耳を持ち、相手のことを「わかってあげる」、「認めてあげる」ということを先にやってみてください。そしたら相手も現実も変わっていきます。

価値観と違い、愛とは形のないものです。愛と愛は衝突することはありません。△も□も同じ〝愛〟という素材で出来ていますから、一瞬にして交わることができるはずです。

相手の心の奥にあるものがはっきり見えるようになれば、相手が言う言葉の真意がわかりますから、誤解が生じません。

パートナーの性質を見て、その人をありのままに理解することを最優先してください。そうすれば、今まで相手の欠点だと思っていた部分が素晴らしい魅力に変化します。

二度とない一度の人生だから、人を愛し自分を愛しあらゆるものを愛して「あぁ、よかった」と思って終わる人生の方が良いのではないでしょうか。

まずは相手を受け入れることから始めてみてください。

(5) 人生のパートナーと幸せな関係を築く

ストーリーでは、真一さんもあずささんもカウンセリングを受けた後に出会って結婚しました。しかし、本当に人生が好転しはじめたのは、結婚した後だったといえます。

では、なぜ夫婦仲が良くなると、仕事やお金にも困らなくなるのでしょうか。そもそも、何かに「困る」というのは不足感を持っていることに他なりません。つまり、心の問題なのです。

ですから、どれだけお金があっても困っている人もいれば、逆に、お金がなくとも困っていない人もいます。どれだけお金があっても、心に飢餓感があれば、さらにお金が欲しくなり、心休まることがなくなり常に困ることになります。

しかし、本当の魂のパートナーが見つかると、それだけで人生の目的を達成していることになるのです。男女の出逢いが幸せにとって大切なことなのです。

そして、魂のパートナーによって安心感に満たされていると、心の奥底からパワーが湧き出てきます。二人で二倍ではなく、二乗のパワーが湧き出てくるのです。そのようにやる気に満ち溢れている人が、現代社会でお金に困るということは、まずありません。

それほど、男女・夫婦関係は重要なのです。

私の開催している講座で実際にこの話を聞いて、相談に来た夫婦の方から「体験談」としてたくさんのお手紙をいただきました。その内容は、多くの方の参考なると思いますので、以下にほんの一部ですがご紹介させていただきます。

体験談と解説

〈体験談①〉

まず最初に、Ｈさんご夫婦の体験談をご紹介します。

夫には長年の愛人がいて、あろうことか妻の目の前で愛人を自分の膝の上にのせるようなことをしており、非常に悩み苦しんだ妻が私のところに相談に来たのです。

いろいろと話を聞きましたが、夫は「妻も愛人も同じくらい愛している」と言ってはばからないのです。妻はその後も、苦しい地獄のような心を内に秘めながら、夫には平静を装って毎日生きていました。

このご夫婦には娘さんがいたのですが、私はある時、その娘さんがリストカットをして自殺未遂を何度も起こしている事実を知りました。

さらに、夫の愛人の女性も実は結婚しており、子どもがいたのですが、その子が脳腫瘍になり、医師から余命一年と告げられているということもわかりました。まさに、両方の家庭ともぐちゃぐちゃの混乱状態だったのです。

私はこの状態を知り、「これはまずい。手遅れになる」と思い、慎重に状況判断をした上で、奥さんに「離婚してもいいんだよ」と言いました。

ある人の人生について、他人は何かを言える立場には本来ありません。その人の人生の責任を、他人はとれないからです。離婚を勧めるようなことも通常は言うべきではありませんし、もちろん私も、それまで人に「離婚したほうがいい」などと言ったことはありませんでした。

しかし、まれに、明らかに離婚した方がいいという夫婦が存在していることも事実です。それは、二人の人生、子どもたちすべてにおいて、一緒にいるよりも別れた方が、幸せな方向に向かうということが明確になった場合です。例えば、夫のＤＶ（家庭内暴力）、子どもの自殺未遂など基本的にそれぞれの命に関わる問題があった場合です。

Hさんご夫婦の場合は、このまま放っておいたら娘さんが大変なことになると思い、あえて「離婚してもいいんだよ」と言ったのです。

私がそう言った瞬間に、それを聞いていた妻と隣にいたお母さんが何か吹っ切れたように泣き出しました。まるでシャンパンのふたが天井まで吹き飛ぶくらいの大きな声で泣き始めたのです。

そこから、事態が大きく変化していったのです。

事の経緯は、その後に妻と夫のそれぞれから届いた手紙に書かれています。素晴らしい内容ですので、ここで紹介させていただきます。

まず最初に妻からの手紙、続いて夫からの手紙をご紹介します。

妻・Hさん体験談

おかげさまで私が長年悩んでいた夫婦問題が解決に至りました。本当にありがとうございます。

以前、私は夫の女性問題で毎日悩んでいました。苦しくてたまらないけど、三人の子どもたちのことを考えると離婚にも踏み込めず、どうしてよいのかわからない状態でした。

初めて先生とお会いして講座を受けたときには、体の奥から熱いものがいっきに噴き出し、涙と共に周りの人たちへの感謝があふれてきました。

今まで悩んでいたことも吹っ飛んでしまい、嬉しい気持ちで帰宅しましたが、夫の問題はそのままでした。

夫とは表面上は特に問題もなく、三人の子どもたちは素直にまっすぐ育ち、夫の両親とも仲良くいっていましたが、時折、辛い気持ちがこみ上げてきては、それをかき消しているような日々を送っていました。

そんな中で、「あなたこのままでいいの？　もう離婚してもいいんだよ」と言われハッとしました。

それから私は改めて自分の問題と向き合い、夫に離婚を切り出しました。子どもにもすべて話し、夫が離婚に合意して話を進めている中で、長女が自殺未遂を起こしました。

私はまったく気づいてなかったのですが、娘はその一年前からリストカットをしていたということです。私は娘の苦しみに気づけなかったことを申し訳なく思いましたが、夫と戻る気持ちはありませんでした。

どうしたものかと思い、夫と娘と三人で話をしたのですが、私はそこで初めて「本当は夫とずっと一緒にいたいのだ」ということに気づきました。長年押し殺していた本音でした。娘も同じ気持ちでした。それを二人で夫に伝えました。

夫はすぐには気持ちを切りかえられないようでしたが、次第に夫婦として家族として、仲良くやっていこうという気持ちに変わっていったようです。


その後は、夫とは新婚以上に仲良くなり、毎日楽しく幸せに暮らしています。

娘は今年の一月から東京に出て、一人暮らしを始め、夢だった仕事につき、生き生きとしています。私の母もとても喜んでいます。

今まで何年も状況の変化がなかったことが嘘のように、何もかもが変化しています。毎日が喜びでいっぱいです。
本当にありがとうございます。
私たちは今からが本当の夫婦のスタートだと思っています。

Hさんの夫の体験談

先日は私ども夫婦のためにお忙しい中、お時間を作ってお話を聞いていただき本当にありがとうございました。

七年前、愛人との関係も上昇中でいわば絶好調な時、先生にお会いしました。その時、たしかに感動や気づきがありました。しかし、現実に戻ると目先の欲に飲まれ、「人間って追い込まれると、逃げ出したい衝動から心にもない行動をとるものだ」と思っていました。

昨年の夏、妻の口から離婚の話が出たときは「これでやっとお互いに楽になれる」と寂しさより安堵感でいっぱいでした。

しかし、その後すぐに娘がうつ状態から薬を多量に飲み、自殺未遂を起こしました。そして以前からリストカットをしていた事実もこの時初めて知りました。

この時、妻から「今は離婚云々より、娘を救うためにお父さんにやってもらいたいことがある」と言われ、妻の「娘を救う道はこれしかない」という揺るがぬ意志の強さに負け、「これをすればすっきり離婚できるんだ」という気持ちも相まって先生にお会いすることになりました。

自分の過去をふり返ってみたとき、これまで辛い思いをさせてきた家族のことを身体をはって私に教えてくれた娘に対して、泣いて謝りました。

そして、親子三人で、笑顔で帰ることができました。

しかし、現実に戻ると子どもたちへの愛は確信しましたが、妻への愛はまだモヤがかかっている状態で、愛人への想いも捨てきれませんでした。

七年ぶりに先生に会わせていただき、「私は今まで多くの人を見てきたけれど、あなたの奥さんほど芯が強い人は見たことない。大切にしなさい」と妻のことを絶賛してくれました。

去年の年越しは、例年になく家族のまとまりを感じました。初詣も十年ぶりぐらいに妻と二人で行くことができました。毎年正月に遊びに来ている妹夫婦たちも今年は「わが家へようこそ！　いらっしゃい！」と、私が心から迎えることができたためか、とても楽しんでいるように感じました。

このように様々なことが、どんどん良い方向に向かっているのを体感しています。最も驚いたことと言えば、仕事もせずに引きこもっていた娘が突然、「やりたい仕事が見つかった」と一人で東京に行ってしまったことです。心配する間もなく行ってしまいましたが、今でもすごいことだと感動が続いています。

先生と再びお会いし、「彼女」「病気」「執着」「妻」「家族」「自分」「命」全部を捨てるように言われ、その通りにしました。心の中で全てを捨てました。そしたら『病気は病気ではなく、家族をつなぐ愛のかたちであり、不調和を調和に導いてくれる愛そのものである』という気づきがありました。そしてそれにより、病気と真剣に向き合う両親の深い愛と生命のバトンを伝えて行くことの大切さを知りました。

そして、「すべてが愛なんだ、愛しかないんだ！」と気づいたときに、これまで思うことのなかった妻への感謝の気持ちがメリメリとあふれ出てきたのです。うれし涙があふれました。

この瞬間にすべてが自分の中でストンと落ちて身体がとても軽くなりました。そしてこれまでの涙とは確実に違う歓喜の涙を流したときに「これでよかった」と思いました。

今の自分は、たくさんの人たちに導かれてここまで来られて、そしてこれまでの妻の愛をすべて受け止めることができました。両親、子どもたち、そして私を取り巻くすべてのものに生かされていることも身をもってわかりました。もう怖いものなどありません。

今は毎日が楽しくて仕方ありません。本当にありがとうございました。

◆解説◆

【法則】両親の関係は、子どもに現れる

父母が、不調和な状態であり、子どもがその親のもとで生活していたら、子どもの心に影響しないわけがありません。

両親の不仲により、最も影響を受けるのは子どもたちです。子どもたちは、親よりももっと不安になり、ネガティブになり、心が乱れていくのです。

心の乱れというのは、恨み、辛み、嫉妬、不安、心配、取り越し苦労、持ち越し苦労などです。そして、そのようにネガティブな心は、顔つき、言葉、行為となって表れるのです。

父母の心がお互いから離れることによって、子どもは、その父母の子どもであるという存在を否定されたことになります。そして、自らの存在を肯定できずに消したくなる衝動にかられるのです。それがこの子のリストカットの深層心理の実態です。

【法則】すでにある愛に気づくだけで、関係は修復される

この夫婦の仲が良くなった理由は二つあります。

一つは、夫が、自分の妻や娘の深い愛に気づいたということです。人間の心の奥には例外なく、愛に気づく心、真実を見る眼があります。その心に夫が目覚めることで、妻や娘の深い愛に気づくことができたのです。

もう一つは、娘が自殺未遂して、家庭が崩壊寸前になった不安、心配、恐怖から、彼自身の心に修正意識が働き、深い反省が生まれたことです。ゆえに、この夫婦関係そして家庭を救ったのは、命を懸けて気づかせてくれた娘だともいえるのです。

〈体験談②〉

N・Kさん（男性）体験談
～私たちは磁石のように魅かれあった～

以前の私は、いつも現実のややこしい人間関係に踏み込んでいくことを怖がっていました。

「自分と他人」という区分けが強く、自分のペースが乱されることが怖くて、他人のペースに合わせるのが嫌でした。気が弱い方なので、他人のペースに合わせられてしまうのを嫌い、自分だけの世界に閉じこもっていました。

できるならば、「結婚もせずに一人で生きていかれればいいな」とも思っていたのです。

妻であるY子も独りでいる方が楽だと思っていたようです。

妻は、母と祖母を立て続けに亡くした直後に、先生の講座に参加し、その後に私と出会いました。「母と祖母は、命をもって私をあなたとの縁に導いた」とＹ子は言っています。

Ｙ子と初めて出会った日、他の人とも一緒だったのですが、駅まで一緒に帰りました。特に会話は交わしていなかったのですが、Ｙ子は私に対して「すごく真面目な人だな」という印象を持っていたそうです。

翌月に出席した集いではたまたま席が隣になり、偶然にも携帯電話の機種、そして色が同じということで電話番号を交換しました。同席していた人に「二人はお似合いだ」と言われたのですが、Ｙ子は私が十三歳も年下だとわかり、「残念、私はＫさんの対象にならないな」と思っていたようです。

しかし、不思議なことに、なんとその後に職場が一緒になり、社内で席替えがあってもずっと隣でした。何か縁があるのかなと思い、その頃からＹ子のことを意識し始めました。

ある日、Ｙ子にいきなり「結婚を前提にお付き合いして下さい」と交際を申し込んでしまいました。今まではいつでも関係を解消できるような交際スタイルだったので、背水の陣を敷いて、結婚を申し込むことができました。

なぜ、そんな思い切ったことができたのか、自分でも不思議で仕方がありません。

その後、私たち二人は意見が正反対のときがあっても、とても仲が良く、夫婦生活を通して今までにない発見ができています。Y子も私の複雑な心を理解して、あとで感謝の言葉をかけてくれることが多いです。

結婚をしてから私は現実生活の中で「踏み込んでいく」ことの大切さを感じています。以前の私からは想像もつかない自分に変化しました。

後で知りましたが、Y子の母の名前と私の母の名前が漢字まで同じでした。これも魂のつながりのような気がします。

◆解説◆

【法則】結婚は「宇宙の仕組み」

今の世の中、女性の社会進出が当たり前のようになり、晩婚化が進み、男女ともに独身でいる人も多いことでしょう。

私は独身でいることが悪いと言っているのではありません。良いとか悪いとかいうのは、どちらも後から人間が考えたことです。

神（※ここでいう神とは、宇宙そのもののことです）は、男（オス）、女（メス）というものを創造しました。明らかに体型や身体の構造、そして発想が異なるものとして、男と女は創られているのです。

たとえば、男が妊娠するというようなことは絶対にありません。過去、何百億人、人類がいても男性が妊娠した例はただの一つもありません。そういう体の構造に作られているのです。

男と女がいるというこの事実を見て、その仕組みにそって生きることが重要です。それは、まさに神の意志、宇宙のシステムに従うということです。

また、結婚をしなくても子どもは産めます。しかし、女性の立場なら、誰の子かも、誰が責任を持ってくれるのかもわからず子どもを育てるのは辛いことでしょう。男女が一緒になり、二人の子であるという確信をもって、ある程度の年齢まで育てていくというのが現代社会の大切なルールであるはずです。

まったく異なる身体の構造、まったく異なる発想をもった男女がともに生きていくために結婚することは、宇宙の仕組みにかなったことなのです。

〈体験談③〉

最後にご紹介する田中さんご夫妻（仮名）も、深遠な縁で結びついています。

妻の美佐子さんは、離婚の経験があります。前の夫との子どもを夫の側において、一人で生活していました。彼女は子どものことを心配して、いつも涙を流していました。

夫の祥弘さんは、子どもの頃に両親が離婚をして、お母さんが彼を置いて出て行きました。美佐子さんと同じ状況です。つまり、美佐子さんの子どもと今の祥弘さんの立場がまったく同じなのです。

美佐子さんは、夫である祥弘さんと付き合うことで、自分の子どもの心境がよく分かり、魂の学びができるのです。逆に祥弘さんから見ると、美佐子さんと付き合うことによって、子どもを置いて出ていった母親の気持ちが分かり、魂の学びである日々が続きます。

祥弘さんは、そのことに自ら気づきました。そして、お二人は、お互いを男性として、女性として、心から愛しています。深い縁に気づいたのです。これこそ魂の伴侶、ソウルメイトと言えるでしょう。

もしかしたら、普通の人はそういう縁があっても、気づいていないのかもしれません。このことに気づいた男女は、互いに本当のソウルメイトだいうことがわかり、表面的な考え方の違いやトラブルがあっても、別れようと思うことはありません。なぜなら、それよりもはるかに深い縁で結ばれていることに気づくからです。

では、ご紹介します。

田中祥弘氏・美佐子さん（仮名）夫妻体験談

四年前の私の心の状態は、恨みの気持ち、悲しい気持ちと不安な気持ちが錯綜していました。

人生をあきらめ、なげやりになっていて、何をやっても楽しくなく、また生きがいも持てなくて、いつも満たされない気持ちでした。結婚したいという気持ちもまったくなく、「俺の人生はダメだ。もう、浮浪者でもいいかな」とまで思っていました。

幼少の頃から、私の家では両親がいつも喧嘩をしていました。家のガラスが割れるくらいの喧嘩です。小学生の頃は、家に帰りたくないと思ったこともありましたが、家族が大好きだから仲良くなってほしいと思っていました。

当時は父よりも母の方が好きでした。母はスナックで働いていましたから、夜になると仕事に出て、夜中に帰ってくるという生活でした。父はそれが気に入らず、母を殴ったりしており、気が休まりませんでした。

母は、夜の仕事で出会った人と結婚し、妊娠しました。

見送ったのは私一人で小学六年ぐらいでした。「一緒についていくか?」と言われたのですが、離れて暮らした方がうまくいくのではないか、と子どもながらに思っていました。「あんな頃もあったね」と話せる日がくると思っていたのです。母の後ろ姿が目に焼きついていました。

ある日、母から電話があり、「末期ガンだからあの世にいく前に一度会おう」ということで、会いました。ですが、「母はこのまま生きていくだろう」と思いました。ずっと心を押し殺していたので感覚が鈍っていたのでしょう。結局、母は一ヶ月後に亡くなりました。そのとき、親父に対して憎悪がわいてきました。

「お金しかない」と思うようになりました。お金を得ることが成功だと考えるようになったのです。そして、ビジネスをやってみましたが、うまくいきませんでした。

父のような人みると喧嘩をしたくなり、また妊婦や幸せそうな家族をみると、今となっては信じがたいのですが、蹴りを入れたくなることがありました。

「人は何のために生きているのか」、「何のために息をしているのか」と思っていました。その後、この講座を知って真剣に受けました。その時、本当に応援してくれたのは両親だったのだと思いました。苦しかったけど、両親が応援してくれたと心底思いました。

そのことを父親に伝えたところ、「お前がそんなことを思ってくれていたなんて知らなかった」と、今では氷が解けたように仲良くなっています。

その後に、ある女性と結婚しました。その人は一度離婚経験があり、私の母親と同じ立場の女性です。

彼女といると本当に母の気持ちを聞かされているような感じです。子どもを置いてきた苦しさや、「本当は仲良くしたかった」という気持ちを知りました。そのことによって、自分の心の感覚、人の痛みを感じられるようになったと思います。

ずっと押し殺していた「楽しい」とか「悲しい」とかそんな心の皮膚感覚を素直に感じられるようになりました。本当に毎日楽しくなりました。仕事の業績もグンと伸び、今では生まれてきて良かったと思っています。

◆解説◆

【法則】心のゴミを掃除すれば、人間関係が好転していく

両親が不仲だと、子どもが人間関係で悩むことがあります。なぜそうなるかご説明しましょう。

もし自分の家がゴミだらけだとすると、その臭いで嫌な思いをするのは毎日暮らしている自分や家族など近い人です。

両親が不仲だった場合、子どもの心は乱れ、ある種ゴミがたまっています。そして、成長してからも、そのゴミで本人が嫌な思いをしたり、近い人に嫌な思いをさせてしまったりするのです。これはいわば、「長期版の八つ当たり」です。

もしくは、関係ない人にゴミの臭いをかがせたくないという優しい心から、人に対してあまり深入りをしないようになり、ひきこもったり、表面的な付き合いをすることになるわけです。ちょうど、壁だけをピカピカに見せて、中には入れさせないとい

う感じです。

心のゴミをぶつければ他人が嫌な思いをし、隠そうとすれば、自分が辛くなります。どちらにせよ、人間関係で悩むことになるのです。その場合、心を掃除すれば、過去のトラウマを解決することができるのです。

私が今まで開催してきた講座でも、その心の掃除をすることに焦点を当てています。

【法則】愛の欠如が代替品を求める心となる

体験談の中で、「お金しかないと思うようになった」とあります。なぜ、ここでお金が出てくるのか不思議に思った方もいるかもしれません。ですが、お金を求める心は、実は不安や心配と密接に関わっているのです。

私たちの不安・心配がなぜ出てくるのかといえば、それは愛が欠如しているからです。そして、自分で自分を認められない、愛されないという不安・恐怖を何とか埋めようとして、お金を求めるのです。心を埋める手段は、人によっては地位かもしれませんし、アルコールや薬かもしれません。その一つとしてお金があるのです。

愛の欠如から、人はお金を求めるのです。お金は愛の代替品なのです。ですから、実は皆、「愛を得たい」ということなのです。

そして、愛はすでにあるのです。その愛に気づくだけのことなのです。

あとがきに代えて

いかがだったでしょうか。最後に、本書のテーマである男女の結びつきについて「愛の真実」と呼ばれる言葉をあとがきに代えてご紹介します。

愛の真実

私はなぜ、あなたに燃えることができるのか
それは、あなたと私はもともと一ツの命だから
二人で一ツだからあなたがいなければ私は半分
あなたに出会う為に私はいろいろな所で魂の学びをしてきました
あなたと一ツになることは、私が故郷に帰ることなのです

それは神が決めた約束事なのです
だからたとえ全世界が敵に回ろうとも私の心は揺らぐことはないのです

最後まで読んでいただいたあなたに心から感謝いたします。

ぜひ、あなたも日々の仕事や生活の中で心を磨き、「もともと一ツ」である魂のパートナーを見つけてください。

すでにパートナーが見つかっている方は、共に生きる中で、さらにお互いの魂を磨いていかれることを願っております。

また、本書を執筆するにあたって、ご協力いただきましたたくさんの方々に心よりお礼申し上げます。

ありがとうございました。

佐藤　康行

二〇〇七年一〇月

人生・ビジネス・心の情報満載！

佐藤康行ホームページ
佐藤康行講演会の映像や音声が
★無料ダウンロードできます★
http://shinga.com/

「心の学校　佐藤義塾」（佐藤義塾株式会社）

東京本部

〒160−0022　東京都新宿区新宿２−11−２　カーサヴェルデ３F
TEL 03−3358−8938　FAX03−3358−8965

↑「真我開発講座」の資料および
佐藤康行の講演無料 CD のご請求はこちらまで

関西支部

〒532−0011　大阪府大阪市淀川区西中島５−１−４　栄豊ビル３F
TEL 06−6307−3022　FAX 06−6307−3023

九州支部

〒807−1102　福岡県北九州市八幡西区香月中央１−７−34
TEL 093−617−3461　FAX 093−617−3462

北米支部（ロサンゼルス）（Shinga USA）

24236 Adolph
Torrance, CA 90505 USA
TEL 310−995−0448　FAX 509−561−7886

佐藤康行（さとうやすゆき）

1951年北海道美唄市生まれ。

営業で世界No.1の実績をベースに、レストラン経営の会社を設立し、全国に70店舗を展開。

その後、レストラン権限を譲渡し、「心の学校 佐藤義塾」設立。東京本部、また関西・九州に支部を置き全国展開している。

現在まで約20年にわたり、世界各国で研修・講演の開催実績があり、約５万人の深層心理を見つめる。

ビジネスの修羅場をくぐりぬけてきた実践経営者が語る「真我」は、政財界をはじめとしてビジネスマンから家庭の主婦、学生に至るまで、多くの人に著しい変化をもたらしている。

著書に、『サンタさん営業 ドロボー営業』（日本アイ・ジー・エー）、『絶対にNOと言われない「究極のセールス」』（かんき出版）、『ダイヤモンド・セルフ』（日本アイ・ジー・エー）、『ココロ美人』（ハギジン出版）などがある。

◆「心の学校 佐藤義塾」URL
http://shinga.com/
◆「YSコンサルタント」URL
http://www.santasales.jp

磁石の法則

男と女に贈る、「運命のパートナーを見つけて幸せになる」法

2007年11月１日　第１版第１刷発行

著　者　佐藤康行
発行者　株式会社日本アイ・ジー・エー
〒160-0022　東京都新宿区新宿２-11-２ カーサヴェルデ
電話　03-5312-1450
FAX　03-5269-2870
ホームページ　http://www.igajapan.co.jp
Eメール　info@igajapan.co.jp

印刷所　シナノ出版印刷

ISBN978-4-903546-04-9 C0030

日本アイ・ジー・エー